Bibliografische Information der Deutschen Bibliothek

Die Deutsche Bibliothek verzeichnet diese Publikation in der Deutschen Nationalbibliografie.
Detaillierte bibliografische Daten sind im Internet über http://dnb.ddb.de abrufbar.

©2014 Christine Erdiç
2. Auflage
Alle Rechte vorbehalten.
Nachdruck, auch auszugsweise, verboten.
Kein Teil dieses Werkes darf ohne schriftliche Einwilligung des Verlages in irgendeiner Form (Fotokopie, Mikrofilm oder ein anderes Verfahren) reproduziert oder unter Verwendung elektronischer Systeme verarbeitet, vervielfältigt oder verbreitet werden.

Satz: Christine Erdiç
Umschlaggestaltung: Christine Erdiç
Coverfoto und Illustrationen: Rianne Bartmann

Herstellung und Verlag: BoD – Books on Demand, Norderstedt

ISBN: 978-3-7357-9215-0

Christine Erdiç

Zauberhafte Gerichte aus der Koboldküche

Mein besonderer Dank gilt Heidi Dahlsen, ohne die das Kochbuch in dieser Art sicherlich nicht entstanden wäre, sowie Mery Lippert und Antje Arndt.
Des Weiteren möchte ich mich ganz herzlich bei Rianne bedanken, die den Kobold Nepomuck für das Kochbuch modellierte und fotografierte.

Inhalt

Wissenswertes über Kobolde	7
Koboldbackstube	9
Schneebälle	13
Baumscheibe	14
Walnusskuchen	15
Käsekuchen	16
Waldbeerentorte	17
Schnecken	21
Knusperkuchen	22
Knusperplätzchen	23
Erdnussmakronen	24
Schokobombe	25
Scheiterhaufen	26
Blaubeertütchen	27
Rehrücken	28
Knusperstollen	29
Fliegenpilztorte	30
Herzhaftes aus der Backstube	32
Pizza	35
Würzig gefüllte Schnecken	36
Börekauflauf	37
Zwiebelkuchen	38
Bunte Baguettes	39
Knofibaguette	40
Blätterteigschiffe	41
Nepomucks Blitzgerichte	42
Hähnchenknoppers im Teigmantel	45
Zucchinipfanne mit Pilzen	46
Kobolds Goldtaler	47
Spiegeleier-Kobold-Smiley	48
Hähnchencurry	49
Spargel in Kochschinken	50
Kartoffelstäbchen mit	51
Puten-Ananas-Spießchen	51
Nepomucks Lieblingsreis	52

Nudeltorte	53
Pikante Kartoffelbällchen	54
Schnelle Eier- Gemüsepfanne	55
Brutzelbällchen	56
Eintöpfe, die Kobolden munden	57
Kirschsuppe	59
Zwetschgen-Birnen-Suppe	60
Frühlingssuppe	61
Salate	62
Geflügelsalat	64
Fruchtiger Salat	65
Bunter Mischsalat	66
Erfrischungen	67
Joghurtshake	69
Kobolds Lieblingslimo	70
Waldmeistertraum	71
Waldmeister- Erfrischungstrunk	72
Punsch für kleine Kobolde	73
Nepomucks Spezialitäten	74
Obstjoghurt für heiße Tage	77
Erdnusscreme	78
Nepos Schokolöffel	79
Popcornzauber auf Eis	80
Fichtennadelsud-Brotaufstrich	81
Eiskonfekt-Parfait	82
Nepomucks Tipps:	83
Biografie Christine Erdiç	86
NEPOMUCKS ABENTEUER	87
Leseprobe aus dem Buch	88
Geschichten aus dem Reich der Hexen, Elfen und Kobolde	91
Leseprobe aus dem Buch Roona	91

Wissenswertes über Kobolde

Kobolde sind lustige und gesellige kleine Wesen, die gern in größeren Gruppen zusammenleben. Sie gehören wie die Elfen, Feen, Alben, Zwerge und Gnome zur Familie des kleinen Volkes. Wenn auch jede Koboldfamilie ihre eigene Behausung hat, so kochen und essen sie doch meist gemeinsam. Heutzutage leben viele von ihnen zurückgezogen in den Wäldern Nordeuropas oder in anderen einsamen Gegenden.
Natürlich gibt es auch heute noch die sogenannten Hauskobolde, nicht zu verwechseln mit den Hauselfen bei Harry Potter. Man findet sie in fast jedem Land dieser Welt. Laut Volksglauben schützt der Kobold das Haus seines Besitzers und treibt dort gern Schabernack, richtet jedoch meist keinen wirklichen Schaden an.
Sichere Merkmale für die Anwesenheit eines Kobolds im Haus sind plötzlich verschwundene und woanders wieder auftauchende Gegenstände wie Münzen, glitzernder Schmuck, Schlüssel oder einzelne Socken, die scheinbar spurlos in der Waschmaschine verloren gehen.

Kobolde können, wenn sie sich bedroht fühlen, auch böse und hinterhältig reagieren und die Arbeit der Menschen zerstören, deshalb stellte man früher in manchen Gegenden ein Schälchen mit Milch oder anderen Leckereien bereit, um sie zu besänftigen. Sie lieben Süßes und Teigwaren, deshalb beginnt dieses etwas außergewöhnliche Kochbuch auch in der Backstube. Nur wenige Kobolde (meist die Hauskobolde) verzehren Fleisch oder Fisch, daher ist die Auswahl an fleischhaltigen Gerichten hier auch sehr begrenzt. Dafür mögen die kleinen Wesen Früchte und Pflanzen aller Art und bereiten gern etwas Schmackhaftes daraus.

Die Rezepte dieses Kochbuches geben einen kleinen Einblick in die doch sehr vielseitige Kochkunst des Kleinen Volkes. Der Kobold Nepomuck und ich wünschen viel Spaß und gutes Gelingen beim Nachkochen der Gerichte und natürlich

    Guten Appetit!

Koboldbackstube

Knusper knusper Knäuschen, es duftet aus dem Koboldhäuschen.
Was wird da drinnen wohl gemacht?
Hört doch mal, ein Kobold lacht.

Denn die Kobolde, die wollen heute backen, also müssen sie erst Nüsse knacken.

Und man hört sie singen, derweil sie lustig durch die Küche springen:
‚Nimm den Korb und dann gehts los, die Beeren aus dem Wald sind ganz famos.
Eine Torte backen wir so fein, da kommt noch ganz viel anderes rein.
Sie sind köstlich, diese Tütchen und sehn aus wie Koboldhütchen.
Die Baumscheibe besteht aus Schichten, gemeinsam lasst sie uns vernichten.

Bis auf den letzten Krümel
essen wir den Teller leer und
hätten gern noch etwas mehr.
Knusprig wird der Stollen,
wenn wir die Feigen übern Boden
rollen.
Und die Makronen werden
knackig sein, gebt ihr noch etwas
Zimt hinein.'

Die ganze Nacht wird gebacken
und gesungen. Und am Morgen
ist das Werk gelungen.

Mehl, Zucker und sonst noch
allerlei, fertig ist die
Koboldbäckerei.

Ein Schneeball, der schmeckt fein,
da haut ein jeder tüchtig rein.

Fröhlich sitzen sie in einer Runde
und schwatzen los mit vollem
Munde.

Auf dem Tisch türmen sich Gebäck und Kuchen, wer würde davon nicht mal gern versuchen.

Für die leckeren Scheiterhaufen würd' nicht nur ein Kobold viele Meilen laufen.

Die Fliegenpilze auf der Torte sind ganz andrer Art, sind nicht giftig, sondern knackig zart.
Glücklich auch der Kobold lacht, denn sie sind aus Marzipan gemacht.

Schneebälle

Zutaten:

50 g Margarine
125 g Zucker
1 P Vanillezucker
3 Eier
300 g Quark
300 g Mehl
1 P Backpulver
etwas Salz

Alle Zutaten gut verrühren.
Mit zwei Teelöffeln den Teig ausstechen und in heißem Öl ausbacken. Anschließend mit Puderzucker bestreuen.

Baumscheibe

Zutaten:

6 Eier
250 g Butter
250 g Zucker
1 P Vanillezucker
100 g Speisestärke
3 gestr. Tl Backpulver
150 g Mehl

Eier trennen, Eiweiß steif schlagen. Alle Zutaten gut verrühren und zuletzt den Eischnee unterheben.
Den Boden einer Springform (20 cm) mit Backpapier auslegen und etwas Teig darauf verstreichen.
Unter dem vorgeheizten Grill 1-2 Minuten goldgelb backen. Dann wieder eine dünne Schicht Teig verstreichen und so weiter …
Nachdem der Kuchen ausgekühlt ist, mit dunkler Kuvertüre überziehen.

Walnusskuchen

Zutaten:

250 g Butter
150 g Zucker
1 P Vanillezucker
etwas Salz
4 Eier
250 g Mehl
2 Tl Backpulver
3 Tl Kakao
3 El Milch
100 g gehackte Walnusskerne

Butter, Zucker, Vanillezucker und Salz schaumig rühren.
Eier trennen, Eigelb, Mehl und Backpulver unterrühren, geschlagenes Eiweiß unterheben.
1/3 Teig abnehmen und mit Kakao und Milch verrühren.
Walnüsse unter den hellen Teig heben.
In eine Kastenform erst den hellen Teig einfüllen und darauf den dunklen Teig.
Bei 175 Grad 1 Stunde backen.
Abkühlen und dann mit dunkler Kuvertüre überziehen.

Käsekuchen

Zutaten:

Mürbteig:
200 g Mehl
75 g Zucker
75 g Butter
1 Ei
1 P Backpulver

Belag:
500 g Quark oder Joghurt ohne Flüssigkeit
100 g Philadelphia
140 g Zucker
100 ml Öl
100 ml Milch
1 P Vanillepudding
Saft einer halben Zitrone
Dosenobst nach Belieben

Den Teig aus oben genannten Zutaten herstellen und gut durchkneten. Kalt stellen.
Alles Erforderliche für den Belag in eine Rührschüssel geben, das zerkleinerte und in einem Sieb abgetropfte Obst zum Schluss unterrühren.
Den Teig und die Quarkmasse in eine mit Backpapier ausgelegte Springform geben und bei 175 Grad ca. 50 Minuten backen.

Waldbeerentorte

Zutaten:

Boden:
100 g Zartbitter-Schokolade
50 g Amarettini-Kekse
5 Eier
100 g weiche Butter
80 g Zucker
etwas Salz
1 P Vanillezucker
200 g gemahlene Haselnüsse
1 P Backpulver

Belag:
500 g Quark
250 g Mascarpone
200 g steife Schlagsahne
80 g Zucker
500 g Waldbeeren
1 P Gelatine
2 P roten Tortenguss
50 g Zucker
¼ Liter Kirschsaft

Die Zartbitter-Schokolade reiben. Die Amarettini-Kekse grob zerbröseln und die Eier trennen.
Die weiche Butter, Zucker, Salz und Vanillezucker cremig rühren, Eigelb, Schokolade, Kekse, gemahlene Haselnüsse und Backpulver daruntermischen. Das geschlagene Eiweiß unterheben.

Den Teig in die Kuchenform geben und bei 200 Grad 30 Minuten backen. Auskühlen lassen.
Den Quark, Mascarpone und die steife Schlagsahne mit dem Zucker verrühren und Gelatine dazugeben. Auf den Boden verteilen und 3 Stunden kalt stellen.
Die Waldbeeren auf der Torte verteilen. Den roten Tortenguss und den Zucker mischen, mit dem Kirschsaft aufkochen und ebenfalls auf die Torte geben.

Koboldspruch:

Ein Keks am Morgen

vertreibt Kummer und Sorgen.

Schnecken

Zutaten:

150 g Quark
6 El Milch
6 El Öl
75 g Zucker
1 P Vanillezucker
1 P Backpulver
300 g Mehl
50 g flüssige Butter
50 g Zucker
75 g Rosinen
50 g gehackte Mandeln
Puderzucker

Quark, Milch, Öl, Zucker, Vanillezucker, Backpulver und Mehl verkneten und ausrollen.
Den Teigfladen mit der flüssigen Butter bestreichen und mit dem Zucker, den Rosinen und den gehackten Mandeln bestreuen.
Den Teig aufrollen und in Scheiben schneiden.
Die Schnecken ca. 25 min bei 150 Grad backen und nach dem Abkühlen mit Zuckerglasur bestreichen.

Knusperkuchen

Zutaten:

400 g Mehl
200 g Zucker
1 P Backpulver
etwas Salz
2 Eigelb
250 g Butter
50 g brauner Zucker
Pflaumen- oder Aprikosenstücke

Mehl, Zucker, Backpulver und Salz mischen. Eigelb und Butter zugeben und verkneten.
2/3 des Teigs ausrollen und in eine Tarteform legen. Pflaumen- oder Aprikosenstücke verteilen, den restlichen Teig als Streusel darübergeben und mit braunem Zucker bestreuen.

50 Minuten bei 175 Grad backen.
(Anm.: Anschließend den Kuchen vor Naschkatzen gut verstecken, denn er ist lecker, lecker, lecker.)

Knusperplätzchen

Zutaten:

300 g Mehl
200 g Butter
100 g Zucker

Alles verkneten und 1 Stunde kalt stellen und dann ausrollen.
Zu dem Teig kann man alles Mögliche zugeben: Zimt, gehackte Mandeln, Haselnüsse usw. oder auf den Teig streuen und dann backen.
So werden die Plätzchen sehr abwechslungsreich.
15 min. bei 175 Grad backen.

Erdnussmakronen

Zutaten:

4 Eiweiß
200 g Zucker
etwas gemahlener Zimt
350 g gehackte Erdnüsse (ungesalzen)

Die 4 Eiweiß sehr steif schlagen, Zucker und Zimt nach und nach einrieseln lassen.
Zum Schluss die gehackten Erdnüsse unterheben.
Ca. 25 min bei 150 Grad backen.

Schokobombe

Zutaten:

300 g Butterkekse
100 g gehackte Walnüsse
1 El Butter
2 El Kakaopulver
250 ml Milch
1 P Vanillezucker
Kakaopulver zum Verzieren

Die grob zerkleinerten Butterkekse mit den Walnüssen in eine runde Form oder Schale geben.
Aus Milch, weicher Butter, Kakao und Vanillezucker eine geschmeidige Paste rühren und auf das Keksgemisch geben.

Alles für 2 Stunden kalt stellen, dann die Masse auf eine Tortenplatte stürzen und mit Kakaopulver bestäuben.

Scheiterhaufen

Zutaten:

4 Brötchen vom Vortag
250 ml Milch
2 Eier
50 g Puderzucker
100 g Rosinen
500 g Äpfel
1 Tl Zimt
5 El Zucker
50 g Butter

Die Brötchen in Scheiben schneiden. Eier mit Milch und Puderzucker verrühren und die Brötchenscheiben darin einweichen, bis sie alles aufgesogen haben.
Die Äpfel schälen und in dünne Scheiben schneiden.
Eine Auflaufform buttern und den Boden mit Brötchenscheiben auslegen, darauf eine Schicht Apfelscheiben geben, mit Rosinen und Zimt und Kristallzucker bestreuen, dann immer abwechselnd wieder eine Schicht Brötchenscheiben und Apfelscheiben mit Rosinen, Zimt und Zucker.
Den Scheiterhaufen mit einer Brötchenschicht abschließen. Zum Schluss die Butter in Flöckchen daraufgeben.
40-50 min. bei 180 Grad backen.

Blaubeertütchen

Zutaten:

70 g Mehl
130 ml Milch
2 Eier
1 El Zucker
1 Dose Blaubeeren oder tiefgefrorene Blaubeeren auftauen und zuckern (oder frisches Obst jeder Art als Ersatz)

Alle Zutaten bis auf das Obst gut durchmixen und in einer mit Öl gefetteten Pfanne beidseitig goldbraun backen. Der Teig ergibt etwa 10 kleine Crepes.
Die Crepes etwas abkühlen lassen und zu kleinen Tütchen rollen, dann mit den Blaubeeren füllen.
Nach Belieben kann man noch Schlagsahne oder geschmolzene weiße Kuvertüre darübergeben.

Rehrücken

Zutaten:

5 Eier
100 g Zartbitter- oder Blockschokolade
160 g gemahlene Haselnüsse
150 g Zucker
150 g Butter
40 g Paniermehl
½ Tl Backpulver

Butter und Schokolade in einem Topf auf kleiner Flamme zergehen lassen.
Aus Eiern, Paniermehl, Haselnüssen und Zucker einen Teig rühren (nicht mit dem Rührgerät).
Zum Schluss das Backpulver unterrühren.
Dann das Butter-Schokogemisch hinzufügen, nochmals verrühren, alles in eine gefettete Kastenform geben und bei 160 Grad Umluft 60 Minuten backen.

Knusperstollen

Zutaten:

3 Eier
150 g Zucker
100 g Walnüsse
250 g Mehl
1 P Backpulver
1 El Zimt
7 Trockenfeigen

Die Feigen in einem Glas Wasser auf kleiner Flamme garen bis nur noch wenig Wasser übrig ist, dann den Zimt unterrühren.
Eier und Zucker mit einem Holzlöffel schaumig schlagen, Nüsse, Mehl, Backpulver und zerkleinerte Feigen hinzugeben.
Den Teig in eine mit Backpapier ausgelegte Kastenform geben und bei 170 Grad backen.
Der Kuchen ist gar, wenn beim Einstechen kein Teig mehr am Holzstäbchen klebt.

Fliegenpilztorte

Zutaten für den Blitzbiskuit:

2 Eiweiß (kalt)
2 El kaltes Wasser
100 g Zucker
1/2 P Vanillezucker
1 Eigelb
400 g Speisestärke
40 g Mehl
1/2 Tl Backpulver

Zubereitung:

Eiweiß und Wasser in einer hohen Schüssel auf der höchsten Stufe sehr steif schlagen. Zucker und Vanillezucker unter Rühren einrieseln lassen. Den Mixer auf die niedrigste Stufe umschalten und das Eigelb vorsichtig unter die Eiweißmasse ziehen.
Zuletzt das Gemisch aus Mondamin, Mehl und Backpulver unterheben.
Bei 180-200° und O./U. ca 10-15 Min. backen.

Zutaten für die Schokokussmasse:

9 Schokoküsse
250 g Quark
1 EL Zitronensaft
600 ml Sahne
4 P Sahnesteif

Zubereitung:

Die Böden von den Schokoküssen entfernen und zur Seite legen.
In einer Schüssel die Masse der Schokoküsse mit Zitronensaft und Quark vermischen.
Sahne steif schlagen und unterheben.
Auf dem Biskuitboden verteilen und kalt stellen.
Mit den übriggebliebenen Böden die Torte verzieren.

Zutaten für die Fliegenpilze:

200 g Marzipanrohmasse und rote Lebensmittelfarbe

Zubereitung:

Kleine Stiele und Pilzköpfe formen, die Köpfe rot färben und auf die Stiele setzen. Kleine weiße Tupfer aus der Rohmasse daraufsetzen und die Torte mit den fertigen Pilzen verzieren.

Herzhaftes aus der Backstube

Gekicher aus der Koboldküche,
deftig die Gerüche.
Was da wohl im Ofen ist?
Doch nur Schweigen voller List.

Heimlich schaun wir durch das
kleine Fenster in den Raum
und traun dann unsren Augen
kaum.

Auf dem Tisch ein buntes Allerlei,
da ist für jeden was dabei.

Die Pizza duftet und sieht lecker
aus, sie ist der reinste
Gaumenschmaus.

Es gibt der Schnecken dreierlei,
Kobolde bestreichen sie ganz fix
mit Milch und Ei.

Ohne Zwiebeln geht so manches
nicht, Schinken braucht man und
auch Käs',

lecker duftet das Gericht und zieht uns in die Näs'.

Die bunten Schiffe sind des Kobolds ganzer Stolz.
Sie sind aus Teig und nicht aus Holz.

Yufka, Käse, Milch und Butter, schichten, backen, eins, zwei, drei. Fertig ist auch dieses leckere Futter, so einfach ist die Koboldbäckerei.

Pizza

Zutaten:

250 g Mehl
1 P Trockenhefe
1/8 Liter Wasser
5 El Olivenöl
etwas Salz und Zucker nach Belieben

Belag:

Salami
1 große Dose geschälte Tomaten
1 Dose Pilze
Käse nach Belieben
1 Becher Creme fraiche oder saure Sahne
1 geschlagenes Ei
Oregano, Salz, Pfeffer

Den fertigen Teig auf einem mit Backpapier ausgelegten Backblech ausrollen.
Die gewürfelte Salami und die Tomaten mit etwas von dem Saft darübergeben, die Pilze und den geriebenen Käse gleichmäßig darüber verteilen.
Creme fraiche oder saure Sahne mit dem geschlagenen Ei und den Gewürzen vermischen und über die Pizza geben.
Ca. 15 Minuten bei 250 Grad backen.

Würzig gefüllte Schnecken

Zutaten:

3 fertige Yufkas (das sind hauchdünne Teigfladen aus dem türkischen Laden) oder 375 g Mehl, ½ Tl Salz, 1 El Essig, 1 El Öl vermischen und so viel Wasser hinzufügen bis der Teig sich leicht kneten lässt. Ca. 15 Minuten gut durchkneten. Eiergroße Stücke vom Teig abnehmen und mit dem Nudelholz möglichst dünn ausrollen. Die Teigfladen in 4 Streifen teilen und die Füllung daraufgeben. Den Teig rollen und je eine Schnecke daraus formen.

Füllungen:

a) Mett, 1 geriebene Zwiebel, gehackte Petersilie, Gewürze nach Belieben, Salz und Pfeffer und 1 geriebene Kartoffel in der Pfanne anbraten;
b) Schafskäse, Petersilie, Pfeffer und Salz zu einem Brei vermischen;
c) ½ kg gehackten Blattspinat mit Schafskäse, 1 Zwiebel, Salz und Pfeffer vermischen;

Die gefüllten Schnecken mit einem in Milch verquirlten Ei bestreichen und bei 200 Grad ca. 20 Minuten auf mittlerer Schiene backen.

Börekauflauf

Zutaten:

½ Liter Milch
75 g Butter oder Margarine
100 g Schafskäse
2 fertige Yufka (siehe vorheriges Rezept)
Salz und Pfeffer nach Belieben

Milch, kleingeschnittene Butter und Käse verrühren und in eine Auflaufform geben. Die 2 Yufkas in kleine Stücke teilen und daruntermischen, würzen und ca. eine Stunde bei mittlerer Hitze im Backofen backen bis das Börek goldbraun ist.

Zwiebelkuchen

Zutaten:

6 gehackte Zwiebeln
250 g Schinken
200 g Mehl
2 Eier
250 g geriebener Käse
250 ml Joghurt

Die Zutaten in einer Schüssel kräftig schütteln, dann Salz und Pfeffer hinzufügen, alles verrühren und auf einem gefetteten Blech oder in einer runden Form verteilen und bei 200 Grad ca. 20 min. backen.

Bunte Baguettes

Zutaten:

Brötchen
Käsescheibletten
Schinken oder Thunfisch
Mais aus der Dose
Rote Paprika
Dosenchampignons
Ananas oder Mandarinen aus der Dose
etwas Margarine

Die Brötchen halbieren, mit Margarine bestreichen und nach Wahl belegen.
Im vorgeheizten Backofen bei 200 Grad backen, bis der Käse zerlaufen ist.

Knofibaguette

Zutaten:

1 Baguette
Kräuterbutter (Butter auf Raumtemperatur erwärmen und mit gehackten Kräutern, zum Beispiel Schnittlauch und Petersilie, Salz und geriebenem Knoblauch vermischen)
1 kleine Dose Mais
Reibekäse (zum Beispiel Emmentaler)

Das Baguette in Scheiben schneiden und mit der Kräuterbutter bestreichen.
Auf ein Backblech legen und Mais und Käse darauf verteilen.
Bei 180 Grad Umluft ca. 10 min. backen, bis der Käse geschmolzen ist.

Blätterteigschiffe

Zutaten:

2 Rollen Blätterteig (je 275 g)
1 Glas Tomatensoße
Kochschinken, Schinken oder Salami nach Belieben
2 Mozarella
Basilikum oder Oregano, Salz und Pfeffer nach Geschmack
Zahnstocherfähnchen

Eine Rolle Blätterteig auf ein gefettetes Blech geben, den Schinken oder die Wurst klein schneiden, den Mozarella reiben und alles mit der Tomatensoße gleichmäßig darauf verteilen.
Zum Schluss alles mit der zweiten Rolle Blätterteig bedecken und bei 180 Grad Umluft 20 bis 30 Minuten backen.
Nach dem Abkühlen in kleine Dreiecke schneiden.
Vor dem Servieren in Jedes Dreieck ein Zahnstocherfähnchen (gibt es fertig zu kaufen) stecken.

Nepomucks Blitzgerichte
(wenn es schnell gehen muss)

Was brutzelt da so knusprig braun,
der Kobold lässt uns ungern in die Pfanne schaun.
Koboldküche, eins, zwei, drei!

Schnell geschnitten ist das Huhn,
vermischt sind Sojasoße, Mehl und Ei,
ausgebacken wird das Ganze nun.

Köstlich, das Gericht und auch gesund,
setzt nicht an zur Abendstund.

Des Kobolds Taler glänzen hell
und jeder isst ganz schnell,
in Windeseile sind die Teller leer,
doch in der Pfanne ist zum Glück noch mehr.

Augen, Nase, Wangen, Mund,
der Kobold-Smiley, der wird rund.
Auch die Haare, die vergess ich nicht,
fertig ist das Spiegeleigesicht.

Goldbraun muss der Käse sein,
der Schinken zart
und Spargel von der besten Art.
Darüber noch die Sahne fein.

Dieses Gericht ist ein besonderer
Schmaus und sieht dazu noch köstlich
aus.
Jeder bekommt seinen Spieß aufs Tel-
lerlein und der gehört ihm ganz allein.

Exotisch, frisch und lecker, da gibts
Geschmatze und Geklecker.
Am Koboldtisch ist toll was los,
allen schmeckt es ganz famos.

Hähnchenknoppers im Teigmantel

Zutaten:

2 Hähnchenbrustfilets
1 geschlagenes Ei
Mehl nach Bedarf
etwas Stärkemehl oder Mondamin
salzige Sojasoße
Öl zum Ausbacken

Die Hähnchenbrustfilets in kleine Stückchen schneiden. Ei, Mehl, Stärkemehl und einen kräftigen Schuss Sojasoße sorgfältig mischen bis ein geschmeidiger Brei entsteht.
Die Hähnchenfleischstücke daruntermischen und noch etwas Mehl hinzugeben.
Das Öl in einem Wok oder einer Pfanne erhitzen und das mit Teig umhüllte Fleisch hineingeben und von beiden Seiten knusprig goldbraun ausbacken. Herausnehmen und auf Küchenkrepp abtropfen lassen.
Dazu schmeckt Salat jeder Art.

Zucchinipfanne mit Pilzen

Zutaten:

1 kg Zucchini
500 g frische geputzte Champignons
4 El Philadelphia
Salz
Pfeffer
Öl

Das Öl in einem Wok oder einer Pfanne erhitzen. Die in kleine Würfel geschnittenen Zucchini hineingeben und kurz schmoren lassen, dann die klein geschnittenen Champignons dazugeben und bei mittlerer Hitze unter Rühren kurz garen (es darf nicht zu weich werden). Zum Schluss mit Salz und Pfeffer abschmecken und den Philadelphia unterrühren.

Kobolds Goldtaler

Zutaten:

200 g Hörnchennudeln
5 Eier
1 gelbe Paprika
4 Scheiben gekochter Schinken
6 Scheiben Gouda
6 Scheiben Salami
8 El Mehl
2 El Tomatenmark
Kräutersalz
Öl zum Ausbraten

Die Hörnchennudeln kochen.
Eier, Tomatenmark und Mehl verrühren.
Die restlichen Zutaten in kleine Würfel schneiden und alles mit den Nudeln vermischen, mit Kräutersalz abschmecken.
Öl in einer Pfanne erhitzen. Mit einem Löffel kleine Häufchen in die Pfanne setzen, leicht platt drücken und auf niedriger Stufe von beiden Seiten backen. Die Taler aus der Pfanne nehmen und auf Küchenkrepp legen.
Heiß servieren.

Spiegeleier-Kobold-Smiley

Zutaten:

2 Spiegeleier
1 Karotte
1 rote Paprika
1 Tomatenscheiben
Petersilie oder Schnittlauch
etwas Bacon oder Schinken

Die Spiegeleier kommen als Augen auf einen flachen Teller, die Karotte wird zur Nase, die Paprika zum Mund, Petersilie oder Schnittlauch das Haar, die Tomatenscheiben die Wangen, ringsherum wird mit dem Bacon dekoriert und fertig ist der Spiegeleier-Kobold-Smiley.
Den können auch kleinere Kinder selbst kreieren.

Hähnchencurry

Zutaten:

2 Hähnchenbrustfilets
2 Bananen
1 Becher Sahne
Curry, Pfeffer, Salz
Öl

Die Hähnchenbrust in Streifen schneiden und in wenig Öl in der Pfanne oder im Wok anbraten. Die zerkleinerten Bananen hinzufügen und kurz weiterbraten lassen. Zum Schluss die Sahne dazugeben und mit Curry, Salz und Pfeffer abschmecken.

Spargel in Kochschinken

Zutaten:

1 kleines Glas Spargel
4 Scheiben Kochschinken
geriebener Käse nach Belieben oder Käsescheibletten
1 Becher Sahne

Den Spargel gut abtropfen lassen und gleichmäßig auf dem Kochschinken verteilen und fest darin einwickeln.
Die Röllchen in eine Auflaufform geben, mit der Sahne übergießen und den Käse darübergeben.
Bei 200 Grad Umluft im Backofen überbacken bis der Käse goldbraun ist.
Dazu schmecken Pellkartoffeln besonders gut.

Statt Spargel kann man auch vom bitteren Kern befreiten und kurz in Salzwasser gegarten Chicorée verwenden.

Kartoffelstäbchen mit Puten-Ananas-Spießchen

Zutaten für die Pommes:

1 kg Kartoffeln
3 El Olivenöl
Salz und Paprika

Zutaten für die Spieße:

500g Putenfleisch
8 Scheiben gekochter Schinken
100 g geriebener Gouda
1 frische Ananas oder Ananas aus der Dose
Pflanzenöl
8 Schaschlikspieße aus Holz

Die Kartoffeln schälen, zu dünnen Pommes schneiden und in einer Schüssel mit dem Olivenöl vermengen und durchmischen.
Im vorgeheizten Backofen auf Backpapier bei 200 Grad auf der mittl. Schiene 20-30 Min. backen.
Damit die Pommes schön knusprig werden, die letzten 5-10 Minuten einen Holzlöffel oder Topflappen in die Ofentür klemmen.
Putenbrust und Ananas in gleich große Stückchen schneiden und in etwas Pflanzenöl anbraten, dann abkühlen lassen. Den Schinken aufrollen und in 2,5 cm breite Röllchen schneiden. Abwechselnd Putenbrust, Schinkenröllchen und Ananas aufspießen. Die fertigen Spieße in eine feuerfeste Form legen, mit Käse bestreuen und 15 Min. bei 160 Grad im Ofen überbacken.

Nepomucks Lieblingsreis

Zutaten:

150 g Reis
350 g Brühe
1 Zwiebel
1 rote Paprika
2 Tl Tomatenmark
1 Tl Olivenöl
Salz, Pfeffer

Den Reis in etwas heißem Salzwasser quellen lassen, gut waschen und abgießen.
Die gehackte Zwiebel mit der sehr fein geschnittenen Paprikaschote in Olivenöl anbraten, Tomatenmark und heiße Brühe hinzufügen und etwas dünsten lassen. Den Reis einrieseln lassen und mit Salz und Pfeffer abschmecken.
Im geschlossenen Topf auf kleiner Flamme garen.

Nudeltorte

Zutaten:

500 g Nudeln
3 El Mehl
200 g Hartkäse
2 Eigelb
1 Liter Milch
250 g Butter
Salz, Pfeffer

Die Nudeln in Salzwasser gar kochen (sie sollten al dente sein), abschrecken und gut abtropfen lassen.
Das Mehl in erhitzter Butter gut verrühren und die Milch langsam dazugeben.
Ca. 10 Minuten köcheln lassen und mit Salz und Pfeffer abschmecken. Danach die 2 Eigelb unterrühren.
Die Hälfte der Soße unter die Nudeln mischen und in eine feuerfeste Form geben. Die restliche Soße darübergießen und den geriebenen Käse darüberstreuen.
Im Backofen bei 200 Grad goldgelb backen.
Anschließend in Portionen schneiden und nach Geschmack mit Tomatensoße oder Ketchup heiß servieren.

Pikante Kartoffelbällchen

Zutaten:

150 g Kartoffeln
100 g griebener Hartkäse
2 Eier
Pfeffer, Salz, Muskatnuss
Öl und Mehl

Die gekochten Kartoffeln mit den übrigen Zutaten zu einem Brei verrühren und abschmecken. Etwa eine halbe Stunde kalt stellen.
Walnussgroße Bällchen aus dem Teig formen, diese in Mehl wälzen und in einem Topf mit Öl oder in einer Friteuse ausbacken.

Schnelle Eier- Gemüsepfanne

Zutaten:

6 Eier
3 Paprikaschoten (rot oder grün)
3 Fleischtomaten
2 Zwiebeln
100 g Feta oder Schafskäse
Salz, Paprikapulver, Pfeffer
Butter oder Öl zum Braten

Tomaten schälen, entkernen und zerkleinern. Paprika säubern und in Würfel schneiden. Beide Zutaten zusammen mit der sehr fein gehackten Zwiebel in einer Pfanne in wenig Fett dünsten und den mit einer Gabel zerdrückten Feta dazugeben.
Mit den Gewürzen abschmecken und auf kleiner Flamme weitergaren lassen bis die Paprika weich ist.
Zum Schluss die zerquirlten Eier unter das Gemüse rühren und in der geschlossenen Pfanne stocken lassen.

Brutzelbällchen

Zutaten:

500 g Hackfleisch
Oregano, Salz, Pfeffer, Zwiebel- oder Knoblauchgewürz, Öl

Die Zutaten in einer Schale gründlich vermischen. Gut haselnussgroße Bällchen aus dem Hackfleischteig formen und in siedendem Fett in einem Wok oder einer Friteuse ausbacken.

Eintöpfe, die Kobolden munden

Endlich Kirschenzeit,
es ist so weit,
diese Suppe ist so fruchtig
und auch gar nicht wuchtig.

Doch wenn der Kobold keine Kirschen
hat, dann wird er auch noch anders satt.

Zwetschgen und Birnen gibt er in den
Topf hinein.
Und die Eierklöße müssen sein,

Köstlich schmeckt es allen, wie man
sieht.
Ein süßer Duft nun durch die Küche
zieht.

Erbsen, Möhren, eins, zwei, drei,
kommt geflogen schnell herbei,
das ist ja fast wie Zauberei.

Auch Gemüse kann entzücken und den
Kobold schnell beglücken.

Kirschsuppe

Zutaten:

1 kg Süßkirschen
1 kg Sauerkirschen
2 Liter Wasser
4 El Zucker

Für die Klöße:

3 zerquirlte Eier
1 El Zucker
¼ Liter Milch
100 g Mehl
50 g Speisestärke (Mondamin)
30 g Butter

Entsteinte Kirschen, Wasser und Zucker in einen großen Kochtopf geben und etwa 10 bis 15 Minuten kochen lassen.

Die Zutaten für die Klöße zu einem glatten Teig verquirlen und in der Butter in einer breiten Pfanne unter ständigem Rühren fest werden lassen, bis er die Festigkeit eines Omeletts hat. Dann mit einem Esslöffel Teig aus der Pfanne portionsweise abstechen und in die kochende Suppe geben.

Alles so lange kochen lassen, bis die Klöße gar sind und an die Oberfläche kommen.

Zwetschgen-Birnen-Suppe

Zutaten:

1 kg entsteinte Zwetschgen
1 kg geschälte und entkernte Birnen
2 Liter Wasser
4 El Zucker

Zwetschgen und Birnen in Stücke schneiden und mit Wasser und Zucker in einem großen Kochtopf 10 bis 15 Minuten kochen lassen.
Klöße (siehe das Kirschsuppenrezept) dazugeben und so lange kochen lassen, bis sie gar sind.

Frühlingssuppe

Zutaten:

500 g frische oder gefrorene grüne Erbsen
300 g frische Möhren
nach Wunsch Blumenkohlröschen und einen kleinen Kohlrabi
1,5 Liter Wasser
1 Würfel Fleischbrühe
1 Würfel Gemüsebrühe

Für die Klößchen:

¼ Liter Milch
1 El Butter
100 g Grieß
2 Eier
1 El gehackte Petersilie
Salz, Muskat

Für die Grießklößchen die Milch mit der Butter aufkochen, vom Herd nehmen und den Grieß einrühren, bis sich die Masse vom Boden löst. Dann ein Ei zugeben und mit Salz und Muskat würzen.
Den Topf zur Seite stellen und erkalten lassen.
Dann das zweite Ei und die Petersilie einrühren und eventuell weiteren Grieß zufügen, bis sich die Masse erneut vom Boden löst.
Masse erkalten lassen.
Klößchen formen, in die kochende Suppe geben und so lange kochen lassen, bis die Klößchen oben schwimmen.

Salate

So schmeckt das Huhn mal ganz besonders gut,
der Kobold probiert mit frohem Mut
aus der Schale einen Löffel voll
und befindet es für toll.

Und dieser Salat ist knackig und doch zart.
Mit Birne und mit Nuss,
ist er wahrlich ein Genuss.

Alle Zutaten sind lecker und speziell,
ein Salat, der geht ganz schnell.
Der Kobold nascht zwischendurch mal fix, doch das macht ja nix.

Geflügelsalat

Zutaten:

1 Huhn
1 Glas Spargel
1 Dose Erbsen
1 Dose Ananas
1 Dose Pilze
Miracel Whipp oder Majonaise mit Joghurt gemischt
nach Bedarf Pfeffer und Salz

Das Huhn gar kochen und von Knochen und Haut befreien. In kleine Stückchen zerteilen und in einer großen Schüssel mit den restlichen Zutaten vermischen. Etwas lauwarmes Wasser hinzufügen und dann kaltstellen.

Fruchtiger Salat

Zutaten:

1 kleiner Eisbergsalat
2 El Zitronensaft
2 El Sonnenblumenöl
1 reife Birne
10 gehackte Walnüsse
wenig Salz

Den gewaschenen Salat fein schneiden.
Aus Salz, Öl und Zitronensaft eine Marinade zubereiten und mit der in Würfel geschnittenen Birne und den Walnüssen unter den Salat mischen.

Bunter Mischsalat

Zutaten:

200 g Schweizer Käse
3 Tomaten
1 Salatgurke
1 Dose Sojabohnenkeimlinge
1 Dose Mais
1 kleines Glas Pilze
1 Becher Creme fraiche
2 El Joghurt
1 Zehe gepressten Knoblauch
Salz und Pfeffer

Alle Zutaten in einer Schale mischen.

Erfrischungen

**Dieser Shake ist cremig
und ein wenig sämig,
man muss ihn gut pürrieren
und zwischendurch auch mal probieren.**

**Und die Limonade liebt nicht nur das Koboldkind,
da trinkt ein jeder ganz geschwind.**

**Echte Zirtonen geben das Aroma,
das Rezept stammt noch von der Koboldoma.**

**Dieser Trunk, der ist ein Traum,
ja, man glaubt es kaum.**

**Der Kobold lacht und schleckt,
weil es wirklich klasse schmeckt.**

**So ein Punsch aus leckrem Saft,
gibt dem müden Kobold wieder Kraft.**

**Gib Honig, Zimt und Sahne noch dazu,
leer ist das Glas im Nu.**

Joghurtshake

Zutaten:

1 kg Joghurt
1 Becher Schlagsahne
2 Bananen
2 geschälte und entsteinte Pfirsiche

Den Joghurt, die Sahne und das kleingeschnittene Obst in einen Rührtopf geben und mit dem Pürrierstab mixen bis alles flüssig ist.

Kobolds Lieblingslimo
(schmeckt nicht nur an heißen Tagen)

Zutaten:

5 unbehandelte Zitronen
2 Liter kaltes Wasser
Zucker oder Süßstoff nach Belieben
Eiswürfel

Die abgeriebene Schale und den Saft von den Zitronen in das kalte Wasser geben und ca. eine Stunde ziehen lassen.
Dann alles durchsieben und mit Zucker oder Süßstoff abschmecken.
Zum Schluss die Eiswürfel hinzugeben.

Waldmeistertraum

Zutaten:

500 g Joghurt
100 ml Sahne
50 ml Waldmeistersirup

Alle Zutaten mixen und mindestens eine Stunde kalt stellen.

Waldmeister- Erfrischungstrunk

Zutaten:

getrocknete Minzblätter
1 Zitrone
150 ml Waldmeistersirup
150 ml Mineralwasser
1 Liter Wasser

1 Handvoll getrocknete Minzblätter mit kochendem Wasser aufbrühen und 10 Minuten ziehen lassen. Dann durchsieben und erkalten lassen.
Nach dem Erkalten den Saft einer Zitrone, Waldmeistersirup und Mineralwasser hinzugeben.
Nach Belieben mit Zucker abschmecken.

Punsch für kleine Kobolde

Zutaten:

½ Liter schwarzer Tee
½ Liter roter Traubensaft
½ Liter Orangensaft
3 El Waldhonig
1 Zimtstange
1 Becher Schlagsahne

Den Tee aufgießen und mit der Zimtstange 5 Minuten ziehen lassen.
Danach durchsieben und den Honig dazugeben.
Nach dem Erkalten den Saft hinzufügen.
Die Sahne steif schlagen und auf den in Gläser verteilten Punsch geben.

Nepomucks Spezialitäten

Einfach, schnell und frisch,
wenn das Koboldkind nichts Warmes essen mag,
stellt Mutter eine kalte Speise auf den Tisch.
Das geht mit Joghurt und mit Quark.

Und auch die Erdnusscreme kann man locker selber machen,
aus der Küche hört man dabei Koboldlachen.

Dazu ertönt ein muntres Singen:
`Dieser Zauber muss gelingen.
Denn heute steigt ein Koboldfest,
das uns Müh und Plag' vergessen lässt.

Lirum larum Löffelstiel,
ja, das ist ein schönes Spiel.
Und das geht auch kinderleicht,
ob die Kuvertüre reicht?

Toblerone oder Eiskonfekt,
nehmt einfach, was euch besser
schmeckt.

Doch müsst ihr es dann kalt servieren,
und lasst den Kobold auch davon probieren.'

Obstjoghurt für heiße Tage
(ersetzt ein Mittagessen)

Zutaten:

750 g Joghurt oder Quark
1 Becher süße Sahne
zerkleinertes Obst nach Wunsch, zum Beispiel Pfirsiche, Birnen und Erdbeeren oder Kirschen
Zucker nach Bedarf
1 P Vanillezucker

Das Obst unter die Joghurt-Sahne-Mischung rühren und mindestens 1 Stunde kalt stellen.

Erdnusscreme

Zutaten:

50 g Erdnussbutter
1 Liter Milch
4 El Zucker
4 El Mais- oder Reismehl

Die Erdnussbutter im Topf schmelzen, Milch dazugeben und aufkochen lassen. Den Zucker und das in Wasser angerührte Mehl hinzufügen und unter ständigem Rühren zu einem dicken Brei einkochen lassen. Warm servieren.

Nepos Schokolöffel

Zutaten für 6 Schokolöffel:

300 g Kuvertüre oder weiße Schokolade
1,5 Liter Vollmich
Butter
6 Kaffeelöffel
6 Esspressotassen oder Förmchen
6 Pappscheiben, etwas größer als die Esspressotassen

Kuvertüre schmelzen.Die Esspressotassen mit etwas Butter ausreiben und im Kühlschrank kalt stellen. Die Löffel mit dem Stiel durch die Mitte der Pappscheiben stecken (die Pappe hilft später dabei, die Löffel in den Tassen zu halten).
Jetzt die flüssige, lauwarme Schokolade in die gekühlten Tassen gießen (etwa 50 g pro Tasse), die Löffel mit den Pappscheiben mittig in die Tassen stecken und für 30 Minuten im Kühlschrank aushärten lassen.
Schokoladenlöffel vorsichtig aus der Tasse lösen und nach dem Entfernen der Pappscheibe in einer Tasse heißer Milch auflösen.

Popcornzauber auf Eis

Zutaten:

400 ml Milch
200 g Naturjoghurt
200 g Mascarpone
200 g Popcorn
100 g weiße, grob gehobelte Kuvertüre
50 g Zucker

Milch mit dem Zucker und dem Popcorn (eine Handvoll von dem Popkorn als Deko aufheben) aufkochen, pürieren und für 12 Stunden im Kühlschrank ziehen lassen.
Mascarpone und Naturjoghurt mit einem Mixer erst langsam, dann 2 Min. schnell aufschlagen.
Kalt gesiebte Popcornmilch in die Eismasse gießen und geraspelte Kuvertüre dazugeben. Noch einmal kurz gut durchrühren und für 10 Stunden ins Gefrierfach stellen. Vor dem Servieren das restliche Popcorn über das Eis streuen.

Fichtennadelsud-Brotaufstrich

Zutaten:

2 Handvoll frische grüne Fichtentriebe
1 Liter Wasser
1 kg Zucker

Die Triebe eine gute Stunde im Wasser kochen lassen. Dann den Zucker zugeben und noch 2 Stunden auf kleiner Flamme weiterköcheln lassen, bis der Sud sämig wird.
Von Zeit zu Zeit umrühren.
Den fertigen Sud in Gläser mit Schraubverschluss füllen.
Als Brotaufstrich verwenden.

Eiskonfekt-Parfait

Zutaten:

200 g Eiskonfekt (oder Toblerone)
2 Eier
2 El Puderzucker
300 ml Sahne
3 El Zucker

Das Eiskonfekt im Wasserbad schmelzen und erkalten lassen, dann mit dem Puderzucker und dem Eigelb schaumig rühren.
Eiweiß und Zucker so lange mixen bis die Masse fest ist.
Die Sahne steif schlagen und alles vorsichtig unter die Schokocreme heben.

6 Stunden im Eisfach kalt stellen.

Nepomucks Tipps:

Veranstalten Sie doch mal eine Kinderparty, auf der die Kinder lustige Kobold-, Zwergen-, Hexen- und Feenkostüme tragen.

Verstecken Sie eine gefüllte Schatztruhe mit kleinen Überraschungen für die Kinder im Garten oder im Haus.

Für größere Kinder kann man das Ganze auch als Schnitzeljagd umfunktionieren. Oder gestalten Sie mit den Kindern fantasievolle Blumentöpfe für die Naturgeister. Jedes Kind bekommt dazu einen Blumentopf, etwas Blumenerde, eine Pflanze, ein kleines Glöckchen, das mit einem bunten Bändchen an einem Holzstab oder Ast befestigt wird und eine winzige Elfen-, Zwergen- oder Koboldfigur. Den fertigen kleinen Feen- oder Zwergengarten darf dann jedes Kind als Andenken mit nach Hause nehmen.

Nepomuck wünscht gutes Gelingen!

Biografie Christine Erdiç

Ihre Tochter gab ihr den Anstoß, ihr erstes Kinderbuch zu veröffentlichen.

Christine Erdiç ist deutsche Schriftstellerin und Autorin. Sie interessierte sich von frühester Kindheit an für Literatur und Malerei. Nach dem Abitur war sie in unterschiedlichen Bereichen tätig und reiste viel. Seit 1985 ist sie verheiratet, hat zwei Töchter und lebt seit dem Jahr 2000 in der Türkei.

Unter anderem gab sie Sprachtraining an der Universität in Izmir, machte Übersetzungen und verfasste Berichte für die Türkische Allgemeine, eine ehemalige Zeitschrift in deutscher Sprache und gibt heute noch private Deutschstunden.

Ihre Bücher sind im Buchhandel und bei Onlineanbietern wie Amazon erhältlich.

Weitere Infos auf der Homepage:

http://christineerdic.jimdo.com/

NEPOMUCKS ABENTEUER

Nepomuck ist ein lustiger kleiner Kobold, der mit seiner Familie in einem Kobolddorf in Norwegen wohnt. Er hilft dem Weihnachtsmann beim Geschenke verpacken in der Weihnachtswerkstatt und landet aus Versehen in einem dieser Päckchen. So tritt er nun im Schlitten des Weihnachtsmanns seine Reise in die Welt der Menschen an.
Welch spannende Abenteuer wird Nepomuck dort wohl erleben und wird er bei den Menschen ein neues Zuhause finden?

Das alles und noch mehr ist in dem Buch
NEPOMUCKS ABENTEUER nachzulesen.

NEPOMUCKS ABENTEUER ist eine Reise in die bunte Welt der Fantasie, nicht nur für Kinder, sondern für alle, die im Herzen jung geblieben sind

Leseprobe aus dem Buch

Das Lebkuchenhaus

Seit einigen Tagen haben wir Tauwetter, der Schnee tropft von den Dächern und Bäumen, und die Wege sind voller Matsch. An einigen Stellen sind die Pfützen so groß, dass Nepomuck durchschwimmen müsste, um sie zu durchqueren. Was er übrigens schon versucht hat. Im letzten Augenblick habe ich ihn vor dem Ertrinken gerettet, der kleine Kobold kann nämlich nicht schwimmen. Jedenfalls hat Oma ihm strikt verboten, das Haus zu verlassen, solange das Tauwetter anhält. Mit dem Tauwetter hat auch die Schule wieder begonnen. Natürlich nicht für die Zwillinge, die haben es gut! In Schule und Nachbarschaft darf niemand wissen, dass wir Nepomuck bei uns aufgenommen haben, die meisten Menschen glauben nicht an Kobolde, sagt Oma. Folglich ist Nepomuck, der es gewohnt ist, von früh bis spät durch die Wälder Norwegens zu streifen, im Haus eingesperrt. Und das kann natürlich nicht gutgehen. Die Spiele der Zwillinge machen ihm keinen richtigen Spaß, vor allem wenn sie ihn als Ball einsetzen und Lily ihn nicht rechtzeitig fängt. Sie kann nämlich auch keinen Ball fangen.
Und Mäxchens Indianerspiele sind auch nicht ohne. Letztens hat er Nepomuck an ein Stuhlbein gefesselt und ihn dann am „Marterfahl" vergessen, weil ihn ein Freund zum Spielen abgeholt hat. Erst als ich nach Stunden aus der Schule kam, konnte ich den armen Kerl befreien.
Heute ist Samstag, und zwei herrliche freie Tage liegen vor mir. Vielleicht kann ich mein neues Buch einwei-

hen und ein paar von Omas Rezepten für Heiltränke eintragen. Oma steht kopfschüttelnd in der Küche und besieht sich ihr überdimensionales Lebkuchenhaus von allen Seiten. „Axana, ich glaube wir haben Mäuse", stellt sie fest. „Naja, bei dem Gematsche da draußen kann ich es den Mäusen auch nicht verdenken, wenn sie sich ein trockenes Plätzchen suchen." „Fein!", freue ich mich. „Dann werde ich das Häuschen ab jetzt nicht mehr aus den Augen lassen!" Das ist eine spannende Aufgabe, aber zunächst will ich mir das Lebkuchenhaus mal richtig ansehen.

Dieses Lebkuchenhäuschen ist Omas ganzer Stolz und schon mindestens so alt wie ich. Es ist aus Spanplatten gefertigt, richtig mit funktionierender Eingangstür und zwei kleinen Fenstern mit grün lackierten Fensterläden davor. Ringsum sind Lebkuchenstücke mit Zuckerguss am Haus befestigt. Sogar einen kleinen Schornstein hat es, aus dem vergilbte Zuckerwatte hervorquillt. Dieses Häuschen ist für uns tabu, niemand außer Oma darf es anfassen. Pünktlich am ersten Advent wird es aufgestellt und dann steht es bis zum Frühling in der Küche, weil Oma es nicht übers Herz bringt, es wieder in den Schrank zu verbannen. Jetzt fehlt eine Ecke vom Lebkuchen rechts neben der Tür, und man kann die Spuren kleiner Zähne erkennen. Der Lebkuchen ist schon steinhart, und ich wundere mich über die Maus, die sich daran wagt. In der Nacht, die ich auf dem Küchensofa verbringe, höre ich nagende Geräusche und bin sofort auf den Beinen. Die Maus! Vorsichtig schleiche ich mich an das Küchenbüffet, auf dem das Lebkuchenhäuschen steht. Es schmatzt laut, und ich versuche im Halbdunkel etwas zu erkennen. Funktioniert nicht, also knipse ich die Taschenlampe an. „Nepomuck!" Der Kleine liegt im Häuschen und hält sich den Bauch. Vorwurfsvoll rülpsend sieht er mich an. „Das letzte Stück war wohl zu viel", klagt er und reibt sich den Magen. „Omas Lebkuchenhäuschen", sage ich entsetzt. „Dass du dir daran nicht die Zähne ausgebissen hast!"

Nepomuck grinst: „Mit meinen Zähnen kann ich sogar Tannenzapfen kauen. Tannenzapfen sind eine Delikatesse. Hast du schon mal welche gekostet?" Jetzt kann ich mir das Lachen nicht mehr verkneifen. Oma wird in Kenntnis gesetzt. Schimpfend setzt sie einen Kräutertee für Nepomuck auf. „Ja, wenn man auch so alte, harte Lebkuchen isst......als ob du bei Tisch nicht satt werden würdest, bei den Mengen, die du verdrückst....." Plötzlich hat sie eine Idee. „Nepomuck, wenn du mir versprichst, keine Lebkuchen mehr vom Haus zu nagen, dann schenke ich es dir als Behausung. Wir legen weiche Decken hinein und du kannst darin schlafen." Nepomuck springt jauchzend auf und ab. Vergessen ist das Bauchweh. „Klasse Oma! Vielen Dank! Ich mag dieses Häuschen wirklich sehr. Es ist das schönste Geschenk, das ich je bekommen habe." Er legt die Stirn in Falten. „Und auch das einzige das ich je bekommen habe, glaube ich." Oma hebt warnend den Zeigefinger: „Aber wenn du wieder an den Lebkuchen gehst..." „Bestimmt nicht, Oma. Ich rühre den Lebkuchen nicht mehr an", verspricht der Kobold feierlich. Dann grinst er schelmisch: „Aber von der Zuckerwatte hast du nichts gesagt."

Geschichten aus dem Reich der Hexen, Elfen und Kobolde

Dieses Buch lädt den Leser mit seinen märchenhaften und lehrreichen Geschichten aus dem Reich der Hexen, Elfen und Feen zu einer Reise in die bunte Welt der Fantasie ein. Mit seinen lustigen Ausmalbildern ist es für Kinder ebenso geeignet wie für all jene, die im Herzen jung geblieben sind.

Leseprobe aus dem Buch

Roona

Der Junge legte seine Finger an die Lippen: „Psssst, sie darf uns nicht hören."

„Und du bist dir ganz sicher, dass da wirklich eine Hexe wohnt?", flüsterte das Mädchen und sah seinen Begleiter zweifelnd an.

„Na klar, wirst schon sehen Laura, brauchst aber keine Angst zu haben."

Er griff beruhigend nach der Hand des Mädchens.
„Pfff … ich habe eh keine Angst."

Vorsichtshalber behielt Laura aber doch lieber Nicks Hand in ihrer. Die beiden kannten sich schon aus der Krabbelstube und gingen auch jetzt zusammen in die zweite Klasse der nahegelegenen Grundschule. Im Dorf waren sie als die Unzertrennlichen bekannt.

Das alte Haus lag etwas abseits, dort wo das Dorf schon fast zu Ende war. Und wie konnte es anders sein, dahinter lag ein tiefer dunkler Wald. Es war den Kindern verboten, allein dort hin zu gehen, sie könnten sich verlaufen und nicht wieder zurückfinden. Aber das Haus lag ja noch davor.

„Warum wohnt denn die Hexe nicht im Wald, wie bei Hänsel und Gretel?", fragte Laura erstaunt.

„Na, sie ist doch schon alt und es wäre zu weit zum Einkaufen."

Das war einleuchtend.

„Und warum klebt kein Lebkuchen an ihrem Haus?", bohrte das Mädchen weiter und betrachtete das alte Fachwerkhaus mit der grün gestrichenen Eingangstür skeptisch.

„Ruhig jetzt", warnte der Junge. „Wir schleichen uns von der Seite an, da ist ein Loch im Zaun" Geduckt schlichen die Zwei weiter. Nick bog einen Busch zur Seite und verschwand durch die Lücke im Drahtzaun in den Garten der Hexe. Laura folgte ihm, blieb aber mit dem Rock im Draht hängen. Der Stoff gab ein zärtliches RIIIIIIIIIIITSCH von sich und ein dreieckiger roter Fetzen schmückte das Gitter. Nick drehte sich ungeduldig um und übersah eine Baumwurzel am Boden. Er schlug der Länge lang hin und gab ein leises Jammern von sich.

„Das war die Hexe", klagte er und umklammerte seinen schmerzenden Fuß.

„Quatsch, das warst du, weil du nach hinten geguckt hast statt nach vorn!", lachte Laura. „Schau, mein Rock ist zerrissen."

„Was ziehst du auch einen Rock an heute. Aua, es tut so weh."

Laura stützte den humpelnden Nick bis zum Haus.

„Die Fensterscheiben sind nicht aus Zuckerguss", stellte sie sachlich fest. „Das ist mir ganz egal, machen wir lieber, dass wir hier wegkommen, eh sie uns erwischt", maulte Nick.

„Wir müssen bis zur Gartentür, durch das Loch krieche ich nicht noch mal", sagte Laura.

Da ging plötzlich die grüne Eingangstür auf. Erschrocken sahen die Kinder die alte Frau an, die sich auf einen Stock stützte und langsam herauskam. Ihre grauen Haare schauten unter einem schwarzen Tuch hervor, überhaupt war alles schwarz, der lange Rock, die Strickjacke und die Katze neben ihr, die einen Buckel machte und fauchte.

„Schau an, Hänsel und Gretel", lachte die Alte mit heiserer Stimme. „Seid mir willkommen!"

„Wir sind nicht Hänsel und Gretel! Wir sind Nick und Laura! Und wenn du eine Hexe bist, dann kannst du Nicks Fuß heilen. Vielleicht ist er gebrochen."

Laura sah der alten Frau fest in die Augen. Nein, sie hatte keine Angst. Und Nick? Der stand zitternd und bleich neben Laura und sagte keinen Ton. ‚Aber vielleicht ist es auch nur der Schmerz', dachte Laura.

„Dann kommt rein, ich schau mir den Fuß mal an. Übrigens hat meine Katze Junge."

Das klang freundlich und Laura fragte sicherheitshalber nochmal nach: „Du bist doch eine Hexe, oder?"

„Jedenfalls behaupten viele Leute das", schmunzelte die Alte und zeigte beim Lächeln einen einzigen schwarzen Zahn. „Übrigens könnt ihr mich Roona nennen."

„Hast du auch eine schwarze Krähe?", fragte Laura neugierig und sah sich in der Wohnküche um.

Hier gab es eine alte offene Feuerstelle, über der ein Kupferkessel hing, in dem etwas brodelte, einen alten dunklen Schrank, eine Truhe und eine Sitzecke mit einem großen Tisch.

„Nein, habe ich nicht", erwiderte Roona und schob Nick auf die Sitzbank. Der sagte noch immer nichts. Die Hexe befühlte den Fuß und nickte zufrieden. „Es ist nichts gebrochen, nur der Knöchel ist verstaucht. Das tut aber auch ziemlich weh. Ich werde etwas draufschmieren, damit es nicht anschwillt." Sie machte sich am Schrank zu schaffen und holte ein Stück Brot heraus. Das tränkte sie mit Olivenöl und legte es auf Nicks Knöchel. Dann band sie ein Tuch ganz fest darum. „So!"

Nick hatte aufgehört zu zittern und sah sich mit großen Augen im Raum um. In der Ecke stand ein Korb mit Katzenbabys, die schwarze Katze saß daneben und beobachtete die Kinder ganz genau. Roona winkte Laura heran und staunend betrachtete sie die fünf Katzenbabys.

„Nein, du bleibst da sitzen, der Fuß braucht Ruhe", warnte sie Nick mit strenger Stimme.

„Das hier ist eine Glückskatze, sie hat alle Farben: weiß, rot und schwarz", sagte Laura. „Die ist so schön, die würde ich gern mitnehmen."

„Die Babys sind noch zu klein, sie brauchen ihre Mutter. Aber wenn deine Eltern einverstanden sind, darfst du das Kätzchen in zwei Wochen abholen."

Laura strahlte über das ganze Gesicht, die Eltern würden es sicher erlauben.

„Darf ich dich ab und zu besuchen und lernen, wie man diese Verbände macht oder auch Kräutertränke?"

„Ich würde mich freuen, ich bekomme selten Besuch", Roona ging zur Sitzecke hinüber und legte Nick die Hände auf die Stirn. „Ich wollte gerade Tee trinken, leistet mir Gesellschaft, wenn ihr mögt. Oder hast du immer noch Angst vor mir?"

Der Junge schüttelte den Kopf. „Nein, du bist eine gute Hexe."

„Ja, solche muss es auch geben", lächelte Roona. Sie füllte duftenden Kräutertee in drei Tassen und verteilte Apfelkuchen auf die Teller. Das schmeckte. Nach dem

Essen holte Roona eine Pfeife aus der Rocktasche, stopfte sie mit Tabak und paffte friedlich vor sich hin.

„Es wird langsam Zeit für euch, sonst machen eure Eltern sich Sorgen", sagte sie plötzlich. „Und übrigens, Nick, ich wohne wirklich nur nicht im Wald, weil es zu weit für mich zum Einkaufen wäre." Sie lächelte verschmitzt, als sie die überraschten Augen des Jungen sah.

Die Kinder verabschiedeten sich.

„Vielen Dank, Roona", sagte Nick. „Darf ich mir später auch ein Kätzchen aussuchen?"

„Wir werden sehen, junger Mann", antwortete Roona. ‚Und ich weiß auch schon, welches du auswählen wirst', dachte sie und sah den Kindern lächelnd nach, bis sie nur noch zwei kleine Punkte in der Ferne waren. Dann ging sie zurück in ihr Haus und schloss die grüne Tür sorgfältig hinter sich.

Nach einer Vorlage aus dem beliebten Kinderbuch Nepomucks Abenteuer von Christine Erdiç entstand im Strunzertaler Atelier die Koboldfigur Nepomuck.
Der pfiffige Kobold Nepomuck ist vielen kleinen Lesern schon aus dem lustigen Kinderbuch bekannt. Rianne Bartmann ist gebürtige Holländerin, modelliert seit 1988 Puppen und hat selber Modellierkurse angeboten.

Inzwischen hat sie auch ihren Traum von einem eigenen Atelier verwirklicht, in dem sie ihre Trolle, Hexen, Kobolde und Zwerge mit viel Liebe modelliert. Jede Figur ist ein von Hand gefertigtes Unikat. Übrigens: Besucher im Atelier sind jederzeit herzlich willkommen. Ein kurzer Anruf vorher genügt. Weitere Informationen auf der Webseite ‚Das Strunzertaler Atelier'.

http://www.laurina-bartmann-lucius.de/

Bei Amazon und im Buchhandel

Auf einem wunderschönen Bauernhof leben Karotten-Lotti und ihre Freunde. Eines Tages machten sich Karotten-Lotti, Zwinki, die Zwiebel, und Porli, der Porree, auf eine große Reise, die Welt zu entdecken. Mit Fred, der Lokomotive, fuhren sie neugierig los und trafen Herrn Ameise, Blinki, den Fisch, und unterstützten Herrn Baum.
Mit ihrem Werk "Karotten-Lotti und ihre Freunde" hat die Autorin Doris Schmoll ein Kinderbuch geschaffen, das Kinderherzen höher schlagen lässt.

http://autorin-doris-schmoll.jimdo.com/

Autorin Heidi Dahlsen

Im Jahr 2008 begann ich mit dem Schreiben. In meinem ersten Buch habe ich mit den Dämonen meiner Vergangenheit abgerechnet und dabei ist das Buch **"Lebt wohl, Familienmonster"** (Realsatire) entstanden. Seit meiner Kindheit habe ich psychische Probleme, und meine Tochter leidet seit vielen Jahren an Borderline. Leider erleben wir immer wieder, dass viele Menschen mit den Themen der psychischen Krankheiten nicht umgehen können. Deshalb war es mir ein besonderes Bedürfnis, in dem Buch **"Gefühlslooping"** u.a. diesen Abschnitt unserer Lebensgeschichte zu veröffentlichen.

Als würde mir die Diagnose manisch depressiv nicht bereits genug Probleme bereiten, denn ich kämpfe ständig gegen überwältigende Gefühlsschwankungen an … kam im September 2010 noch Krebs hinzu. Die

Zeit schien stillzustehen … ich ergab mich in mein Schicksal voller Angst. Meine Gedanken kreisten zwischen Resignation und Hoffnung. Vertrauen in die Ärzte, die Liebe meiner Familie sowie eine besondere Geburtstags-e-Mail ließen mich nicht verzweifeln, sondern schon bald positiv in die Zukunft schauen. Langsam aber stetig ging es bergauf und heute kann ich sagen: „Meine **Seelenqual** hat ein Happyend gefunden, denn ich lasse mich nicht unterkriegen."

Mein Anliegen ist es, die Leser gut zu unterhalten, zu informieren sowie ihnen gegebenenfalls Mut zu machen. Wer noch mehr über mich erfahren möchte, kann dies hier:

http://autorin-heidi-dahlsen.jimdo.com/